AF242426

LETTRE A UN ALGÉRIEN

sur la

POLITIQUE SAHARIENNE

PAR

A. LE CHATELIER

Avril 1900

LETTRE A UN ALGÉRIEN

POLITIQUE SAHARIENNE

Mon cher ami,

Vous me demandez mon opinion sur le mouvement d'expansion de l'Algérie, dessiné par l'occupation du Touat. La voici. Elle est complexe comme le sujet même.

L'idée que vous développez, celle de la jonction effective de l'Algérie au Soudan, vient à son heure. Nous sommes habitués à contempler, sur les cartes, un empire français d'Afrique homogène. Il faut, maintenant, passer de la contemplation à la réalité. La mission Foureau-Lamy a été un premier pas heureux dans cette voie, en montrant que le Sahara, quand on veut s'en donner la peine, n'est pas infranchissable. L'occupation d'In-Salah, la conquête du Touat, nous mènent à la fin d'une seconde étape. Tous les esprits clairvoyants, toutes les volontés, je crois, sont d'accord dans notre pays, sur la nécessité d'aller plus loin, jusqu'au but. — Restent seulement à discuter les voies et moyens.

Si je comprends bien, la méthode que vous préconisez est la méthode d'engrenage. Vous me dites : « Voici la « locomotive à Djenien Bou Rezg : elle sera bientôt à « Duveyrier. Un peu plus loin, nous aurons des troupes à « Igli : le rail continuera de lui-même jusque là. D'Igli au « Gourara, il n'y a que quelques heures de chemin de fer.

« Et quand la gare de Timmimoun sera construite, celle
« d'In-Salah aura son tour. En attendant, nous allons
« prendre pied au Sahara, entre le Sénégal et le Touat.
« Nous y établirons un télégraphe qui nous délivrera de
« la sujétion des câbles anglais. Quelques postes s'instal-
« leront le long du fil télégraphique. Les caravanes circu-
« leront sous leur protection, jusqu'au moment où le
« Transsaharien, rendu inévitable, s'achèvera par surcroit
« et nous donnera ce que nous désirons tous : une France
« africaine, englobant dans un même groupement effectif,
« l'Algérie et la Tunisie, le Sahara, le Sénégal, le Niger et
« le Tchad. »

Laissez-moi vous dire que, comme électeur et citoyen,
comme actionnaire de la grande entreprise nationale dont
le Parlement doit être le conseil d'administration, je
regretterais de voir entamer une œuvre de cette envergure
sans examen public approfondi, par simple engrenage.

Sans méconnaître la valeur pratique des arguments favo-
rables à cette méthode, je ne saurais, simple contribuable,
en approuver la modalité originelle pour une entreprise
vers laquelle, à beaucoup d'autres égards, mes sympathies
vont sans réserves.

Quel que soit le programme d'action à adopter, pour
assurer la création définitive de notre empire africain, pour
le rendre réellement homogène, la condition préalable,
essentielle, à mon point de vue, étroit peut-être, mais
constitutionnel, est que le pays soit fixé sur l'entreprise à
poursuivre, avant d'y être engagé, et que ses mandataires
l'approuvent en son nom. Je ne crois pas, d'ailleurs, qu'en
l'état de l'opinion, il y ait un réel intérêt à en faire abstraction comme au début de notre expansion coloniale. Elle me
paraît tout à fait confirmée en faveur de cette expansion et
prête à en assurer la conclusion. Je suis convaincu que
l'homme d'état qui, rompant avec les traditions, les préjugés
de la politique courante, viendrait dire aux Chambres,
clairement et nettement : « Voici où nous en sommes en
« Afrique. Il nous reste encore un effort à faire pour achever

« notre œuvre de création et n'avoir plus, enfin, à nous
« occuper que de l'exploitation. Examinons sérieusement
« les mesures à prendre. Décidons-les, et agissons au lieu
« de nous agiter. » — je suis convaincu, dis-je, que cet
homme d'état rencontrerait dans le pays une approbation
unanime.

Avant d'envisager maintenant ce qui peut en être de la
valeur pratique des voies et moyens dont vous me parlez,
permettez-moi d'ajouter qu'il ne me paraît pas certain que
le moment soit venu d'aller de l'avant sans réserves, parce
que l'affaire du Touat n'est pas terminée.

Vous savez que j'ai eu occasion de l'étudier naguère à
Ouargla, dans le Sud Oranais, au Maroc. A la suite de ces
études, j'ai préconisé, il y a dix ans, pour prendre pied au
Touat, un programme excluant les opérations militaires
dans les oasis mêmes. Ayant pu constater de visu, dans
l'Extrême-Sud, les résultats excellents de la politique du
« divide ut imperes », dont M. Tirman avait fait une application si probante, je pensais, je pense encore qu'une petite
colonne de 4 à 500 hommes, stationnée sur la lisière algérienne du Touat, sans s'y avancer, eût suffi pour nous en
rendre maîtres en 2 ou 3 ans, sans autres soucis que de re-
garder les ksouriens se battre entre eux, sans soulever aucune difficulté du côté du Maroc.

Il parut préférable d'en revenir à la politique des « Grands
chefs », de la compléter par la création de forts sahariens,
de détruire l'organisation du premier corps de troupes à
méhara, créé par le commandant Laıny, à El Goléa, en
exécution d'un projet de loi voté par les Chambres, et
auquel je n'avais pas été étranger : celui qui portait
en même temps ouverture de crédits pour l'occupation
d'El Goléa, et pour l'étude du chemin de fer de Djenien
Bou Rezg.

J'avais prédit explicitement que les Oulad Sidi Cheikh
ne nous donneraient pas le Touat, où leur clientèle est
limitée, que les forts sahariens ne nous rendraient pas les
services qu'on en attendait, et qu'on en reviendrait aux

troupes sahariennes à méhara. J'avais aussi, entre temps, proposé, à l'appui de mes dires, de prendre pied sur la lisière du Touat, à In-Salah, en organisant moi-même, pour y aller, une mission officieuse constituée exactement comme l'a été la mission Flamand, avec le même effectif de contingents indigènes. Ce projet parut irréalisable. Mes prévisions se sont, cependant, réalisées sur ce point comme sur les autres, et je suis naturellement porté à conserver, pour l'ensemble de la question du Touat, l'opinion générale que j'ai défendue naguère. Cette opinion peut vous paraître sujette à caution, puisqu'elle est, à certains égards, personnelle. Je la crois cependant très indépendante, et en allant au devant d'objéctions que vous pourriez me faire, je tiens à vous assurer que si je me laisse guider par des idées préconçues, c'est tout à fait à mon insu.

Ce qui me frappe, ce qui me préoccupe dans les opérations dirigées actuellement contre le Touat, c'est que, d'une part, elles effleurent la question marocaine, et que, d'autre part, elles nous engagent à fond au Touat même, en une saison tardive de l'année, dans des conditions matérielles improvisées, puisqu'elles nous imposent du jour au lendemain, une occupation permanente. Le Maroc, à mon sens n'a pas seulement, en Afrique, sur la Méditerrannée, comme dans la politique européenne, une situation qui ne nous permet pas d'en faire abstraction. Il est aussi le plus merveilleux de tous les pays africains qui restent à partager. Je le connais, je connais l'Egypte, le Sénégal, le Soudan, la Guinée, la Côte d'Ivoire, le Congo. Nous pourrions demain avoir les coudées franches au Maroc en acceptant l'occupation anglaise de l'Egypte, en encourageant les Italiens à devenir nos voisins en Tripolitaine, en désintéressant l'Allemagne et l'Espagne par des avantages dans l'Afrique Centrale et au Congo, que tout compte fait, je trouverais le marché excellent.

Il n'en est malheureusement pas question ; mais j'insiste sur ce point, parce que la nécessité d'éviter tout ce qui pourrait agiter prématurément la question du Maroc, et y amoindrir par des conflits quelconques notre position d'attente, doit dominer, suivant moi, notre politique d'expansion algérienne,

Nous sommes chez nous au Touat. La route qui y conduit par Igli, nous appartient. Au point de vue stratégique, militaire, les opérations engagées dans le Sud Oranais, bien menées — et elles sont en bonnes mains — me paraissent de tout repos. — Au point de vue diplomatique, elles ne soulèvent, en elles-mêmes, aucune objection. Mais elles peuvent devenir délicates, du fait de circonstances indépendantes de notre volonté. Qu'un convoi soit enlevé par les Doui Ménia, les Beni Mguild, ou les Beraber — que des traînards tombent entre leurs mains, que nous voyions quelques-uns des nôtres prisonniers de ces nomades : il faudra bien aller les chercher. Et alors?

Nous n'avons plus — en fait — la même liberté d'action qu'en 1870, au moment de la colonne de Wimpfen dans l'Oued Guir. Nous devons éviter fût-ce l'apparence de complications éventuelles, n'opérer par conséquent qu'avec de gros effectifs et prudemment. Tant que nous ne serons pas installés et organisés à Igli, et dans l'oued Saoura depuis quelque temps, il ne faut pas considérer la question du Touat, telle que nous la poursuivons par le Sud Oranais, comme définitivement réglée, dans ses rapports indirects, de contre-coup, avec la question marocaine.

L'occupation proprement dite du Touat, ne fait d'ailleurs que commencer. Elle ne présente aucune difficulté en elle-même, quoique le combat d'Ingher ne doive pas être le dernier. Nous aurons d'autres ksours à enlever, et sur quelques points, à vaincre des résistances assez sérieuses. Peut-être les effectifs actuels sont-ils un peu maigres, moins à cause de la force de nos adversaires, qu'à cause de l'éloignement du théâtre des opérations. Mais la campagne est conduite vigoureusement et c'est là un gage certain de succès rapides et brillants, dans la conquête même du pays.

Malheureusement, notre intervention s'est produite à une époque tardive de l'année. Dans deux mois les chaleurs rendront difficiles les mouvements de troupes et les ravitaillements.

Si les petites colonnes, qui poursuivent la pacification du Touat, sont ramenées en arrière pendant l'été, il faudra reprendre les opérations à l'automne. Si pour ne pas perdre le bénéfice des résultats obtenus, elles sont maintenues au Touat, le « Tehem », la fièvre des oasis, qui, sans être dangereuse, sévit parfois cruellement, compliquera les renforcements et les ravitaillements, pendant plusieurs mois. Il faudra ensuite s'occuper d'organiser l'occupatiou du pays, ce qui, en l'état des moyens de communication, ne se fera pas du jour au lendemain.

Toutes ces considérations me conduisent à conclure, que s'il est très heureux en soi que la question du Touat se trouve amorcée, et même en partie résolue, comme les circonstances l'ont permis, grâce à de patriotiques initiatives — il ne faut pas, prématurément, la croire liquidée. Je ne pense pas, si les opérations continuent à être poursuivies sans hésitations, à recevoir une impulsion énergique, qu'elles puissent donner lieu à des mécomptes. Mais tant que nous serons seulement campés à Igli, tant que la pacification du Touat même ne sera pas définitive, tant que son occupation, devenue nécessaire et inévitable, ne sera pas assurée matériellement, nous serions imprudents en nous considérant comme libres de tout souci de ce côté. Nous saurons dans 6 ou 8 mois à quoi nous en tenir : pas avant.

Jusque là, il reste excellent de former des projets d'expansion plus décisive. On ne doit pas trop compter sur la possibilité de les réaliser sans ajournement.

Comprenez moi bien : j'eusse préféré voir engager autrement l'affaire du Touat, estimant qu'avec plus de temps, mais moins d'efforts matériels, on serait arrivé au même résultat que par la méthode actuellement en application, qui est plus rapide, mais comporte une action plus considérable. Je ne dis pas et je ne pense pas que cette méthode, du moment que nous nous sommes décidés à faire l'effort matériel qu'elle exige, présente des aléa notables. — Mais je pense et je dis, que si nous voulons ne rien abandonner au hasard, et recueillir, sans mécompte, tous les bénéfices de la décision que nous avons prise, il faut aller jusqu'au bout de sa réalisation avant de nous engager davantage. Je ne conclus pas à l'ajournement indéfini des projets d'expansion, dont l'occupation du Touat peut et doit devenir le point de départ.

J'opine seulement que, dans quelques mois, nous pourrons, avec plus de certitude, baser sur cette occupation un programme d'expansion méthodique, sans rien compromettre, sans risquer de nous trouver diplomatiquement ou matériellement obligés de nous arrêter en route, pour être partis trop vite.

Supposons cependant, ce qui est légitime, que la question du Touat soit complètement et définitivement résolue et que, soit dès maintenant, soit prochainement, nous puissions agir sans autre souci que celui de développer le mouvement d'expansion si brillamment commencé.

Comment conviendra-t-il de procéder pour assurer dans les meilleures conditions et le plus rapidement possible, la jonction de l'Algérie au Soudan, en éliminant, bien entendu, tout ce qui, n'ayant pas une portée pratique, présenterait seulement le caractère artificiel de mesures préparatoires destinées à influencer l'opinion. Comme je vous l'ai dit, je crois que l'opinion publique — réelle, celle qui se dégage de la nation même, — mérite d'être prise au sérieux. Je n'examine donc que les parties de votre programme dont je perçois l'utilité matérielle.

A ce point de vue, l'organisation administrative du Sahara me semble sans intérêt, à moins qu'elle n'ait sa raison d'être, en vue de prévenir des difficultés éventuelles d'ordre diplomatique. Cela se peut, mais je ne m'en rends pas compte.

Ce qui m'apparaît surtout au point de vue diplomatique, dans la question saharienne, c'est que nous allons nous trouver, quand nous l'engagerons — de quelque manière que ce soit, — en présence de revendications d'une double nature. Le Maroc. qui ne représentera en l'espèce que des intérêts européens, rivaux des nôtres, n'a d'importance que comme masque de ces intérêts. J'ignore, — et c'est notre diplomatie seule qui peut en l'espèce donner une opinion autorisée, — dans quelles limites il pourrait convenir de nous inquiéter de cette apparence, au Sahara. D'autre part, nous nous sommes laissés devancer sur la côte saharienne par une occupation étrangère, purement fictive, mais dont nos voisins de Rio de Ouro profiteront pour nous exploiter. Convient-il de limiter leurs appétits en prenant position au Sahara? Vaut-il mieux au contraire les laisser tomber d'eux-mêmes, en évitant de les surexciter?

C'est là encore une conjecture d'ordre diplomatique, sur laquelle je ne puis me prononcer. N'envisageant en un mot l'organisation administrative du Sahara qu'au point de vue de ses résultats immédiats pour la jonction de l'Algérie au Soudan, je la considère comme sans intérêt. Elle peut avoir une raison d'être indirecte, diplomatique. Je ne puis vous donner d'opinion sur ce point spécial, n'étant pas au courant de ce qui le concerne.

La perspective complémentaire de voir la jonction de l'Algérie au Soudan assurée, faute de mieux, par caravanes, ne me séduit pas et me laisse tout à fait sceptique, dans l'ordre d'idées des réalités pratiques, où je me place. Au contraire, l'établissement d'une ligne télégraphique saharienne, reliant l'Algérie au Soudan me paraîtrait d'une importance considérable. Lors même que cette ligne devrait, avec les postes à construire le long de son tracé, coûter beaucoup plus cher qu'un câble maritime, je la préférerais, sans comparaison, si le fonctionnement pouvait en être assuré. Mais je crains qu'il ne puisse en être ainsi avant des années. Il en serait autrement si nous avions à temps repris le projet si judicieux du général Hanoteau, de l'organisation de cosaques sahariens, ou suivant la formule algérienne, formé des tribus Makhzen, pour assurer la police du Sahara. Mais en l'état des ressources dont nous disposons, je doute qu'il soit possible, même en multipliant les postes le long du télégraphe saharien d'empêcher les Touareg et leurs voisins de l'ouest, de le couper s'ils en ont envie, avant d'avoir modifié du tout au tout la situation politique du Sahara, ce qui prendra du temps.

Je ne vois donc pas, en résumé, dans les dispositions dont vous me parlez, de résultats directs et positifs à espérer. Elles représentent, toute question diplomatique écartée, une solution théorique, sentimentale de la grande question qui vous préoccupe. Elles peuvent constituer un acheminement, vers la solution effective, mais — en fait — la laissent tout entière en suspens, parce que pour parler net, il s'agira toujours en fin de compte de dépenser 250 à 300 millions pour créer le Transsaharien.

Vous savez que, naguère, après avoir étudié le Sahara par le nord avec la première mission Flatters et à Ouargla, par le sud au Sénégal, je me suis montré opposé aux projets de Transsaharien. Indépendamment des difficultés matérielles qu'implique, non la configuration, mais la nature désertique des pays à traverser, je considérais ces projets comme irréalisables de toute façon, au point de vue financier, il y a dix ans et même jusqu'à ces dernières années. C'était là, suivant moi, un motif sérieux de les éliminer des préoccupations de l'opinion publique qui, n'étant susceptible encore que d'une activité limitée, en matière d'expansion coloniale, devait être ménagée. Nous avions besoin de concentrer tous nos efforts d'action et de pensée sur la conquête progressive de pays que nous n'étions pas seuls à convoiter.

En outre, notre empire africain n'étant pas constitué, le Transsaharien entrepris prématurément risquait d'aboutir en pays étranger, c'est-à-dire dans le vide. Amorcé trop tôt vers le Tchad, il eût sans doute décidé les Anglais à nous y devancer plus complètement. Peut-être même, à défaut d'une base territoriale à son terminus, eût-il disparu avant d'être né devant la concurrence économique de quelque Transsaharien Tripolitain.

Actuellement, la situation est tout autre. Nos capitaux commencent à savoir s'expatrier. L'œuvre des Belges au Congo a habitué nos financiers à comprendre que l'Afrique n'est pas seulement une expression géographique. La politique coloniale n'est plus un argument de discussions électorales. Les partis politiques qui pouvaient jadis craindre d'aller trop vite dans notre œuvre d'expansion, doivent craindre maintenant d'aller trop lentement. Nous savons en outre où nous sommes chez nous en Afrique. Si notre part n'est pas aussi large que nous eussions pu le souhaiter, elle est du moins définitive et nous n'avons plus, en réalisant les « préparatories expenses » de sa mise en valeur à craindre de travailler pour autrui.

Tout en considérant ainsi que les objections générales ne subsistent plus, j'hésiterais cependant à me montrer affirmatif sur le caractère pratique du Transsaharien, si son objet était limité à la mise en valeur de nos provinces du Soudan ou du Tchad. La situation dans ces contrées n'est pas la même qu'en Chine, où le Transsibérien mettra à dix jours de l'Europe des pays très peuplés et d'une puissance de production considérable. Les conditions d'exploitation du Transsaharien ne peuvent se comparer à celles du Transcaspien ou du Transcaucasien, dont le trafic est alimenté sur presque tout le parcours par des éléments locaux. On ne peut prendre non plus comme terme de comparaison le chemin de fer du Congo belge, dont les 400 kilomètres servent d'issue à un ensemble de 3.600 kilomètres de voies fluviales. Il s'agit en l'état — jusqu'à plus ample informé — d'une opération malheureusement moins assise : de construire d'abord 2.000 kilomètres de voie ferrée, sans trafic de parcours, pour aborder sur un seul point d'immenses territoires, appelés sans doute à devenir très productifs, mais actuellement dépeuplés par de longues guerres, peu civilisés et sans force productive. Que l'entreprise doive puissamment contribuer au développement de nos colonies africaines : nul doute. Cela n'implique pas réciproquement qu'elle soit viable économiquement par la seule exploitation du Soudan et du Tchad ; et, pour bien se rendre compte de ce qui peut en être, il suffit de se placer en présence de l'hypothèse d'une émission de 250 à 300 millions, pour commencer, gagée sur les bénéfices futurs de l'exploitation du Transsaharien.

Mais l'évolution générale du mouvement colonial, l'achèvement du partage du monde, les changements survenus dans l'équilibre européen donnent à la jonction de l'Algérie au Soudan une importance politique évidente. Grâce à la situation géographique de l'Afrique occidentale, à ses réserves d'hommes, le Transsaharien ne sera pas seulement pour nous un instrument de domination ou d'exploitation commerciale : il sera aussi un instrument de défense. Pouvant seul assurer la création d'une France africaine s'étendant de la Méditerranée au Soudan et au Tchad, il devient pour nous l'œuvre nécessaire du commencement du XXᵉ siècle.

Trop lourde dans le présent pour l'État seul, malgré son importance politique, irréalisable avant longtemps pour des capitaux livrés à eux-mêmes, malgré son avenir commercial, cette œuvre semble plus abordable en principe, par la répartition des charges entre les intérêts économiques et politiques. Mais il serait inutile de songer à la réaliser sans attendre la lente évolution des faits et des idées, parce que l'accord n'est pas prêt de se faire entre ces intérêts si les conditions générales du problème subsistent dans leur forme primitive, si la traversée du désert doit s'effectuer sans possibilité de trafic local. Ces conditions semblent heureusement pouvoir se trouver modifiées par une étude plus approfondie du Sahara.

Constatant que le Sahara présente exactement les mêmes formations géologiques que le désert d'Atacama au Chili, dont les nitrates ont suffi à payer un important réseau de voies ferrées, les savants géologues de l'École algérienne se sont demandé à juste titre si la zone qui sépare l'Algérie du Soudan n'était pas appelée à des destinée économiques imprévues. Les deux régions présentent les mêmes dépôts salins, la même structure. Elles sont identiques de caractère et d'aspect. Ces similitudes évoquent une hypothèse scientifiquement plausible dont la réalisation simplifierait tellement la question du Transsaharien, que la nécessité de la vérifier avant tout, s'impose sans discussion.

Lors même que les espérances qu'on peut ainsi concevoir disparaîtraient, il est permis de supposer que le Sahara n'est pas dépourvu d'autres richesses minières. La mission Fourreau-Lamy a rencontré un affleurement de cuivre à Hassi-el-Hadjer. On connaît de longue date l'existence de sources d'huiles minérales combustibles près du Ahaggar. Bien des indices donnent lieu de penser que les massifs montagneux du Sahara central ne sont pas dépourvus de gisements exploitables.

Il serait imprudent de trop compter sur ces perspectives, mais déraisonnable de n'en pas tenir compte. Si, en effet, le Sahara ne peut pas fournir d'éléments de trafic au Transsaharien, la situation ne sera pas sensiblement plus avancée dans dix ans qu'actuellement, parce que les engagements de dépenses considérables que nous venons de consentir pour la défense nationale, ceux que nous allons prendre pour la réduction du service militaire, pour l'organisation de l'armée coloniale, limitent nos possibilités budgétaires, parce que les capitaux les plus enthousiastes ne s'engageront pas sans réflexion. Si, au contraire, le Sahara a des gisements importants de nitrates, ou présente d'autres richesses minérales, le Transsaharien peut être construit dans dix ans.

Je ne crois pas qu'aucune combinaison administrative permette d'espérer un résultat analogue — et c'est pourquoi je conclus : Si vous voulez assurer la jonction de l'Algérie au Soudan, non sur le papier et fictivement, mais dans la réalité, vous n'avez rien de mieux à faire, qu'à vous employer par tous les moyens à faire achever l'exploration géologique du Sahara.

Elle est commencée et bien commencée par la mission Foureau-Lamy, dont les échantillons, catalogués avec soin, donnent une coupe excellente de son itinéraire ; par la mission de M. Flamand dans le nord, par la mission de M. Blanchet dans le sud. — Il n'y a qu'à continuer et à développer ce mouvement — et si vous avez, comme je l'espère, quelqu'influence sur la marche des affaires algériennes, vous ne pouvez pas rendre de plus grands services à l'œuvre nationale à laquelle vous vous êtes dévoué, qu'en consacrant tous vos efforts, à lui donner la base scientifique qui lui manque.

Ne croyez pas que je considère comme sans intérêt de poursuivre en même temps les entreprises de pénétration politique si habilement commencées dans le Sahara méridional, du côté du Sénégal, et de les développer par le nord comme par le sud : bien au contraire, pourvu que ce soit sans expéditions militaires aux abords du Soudan qui a besoin de s'organiser dans le calme, comme colonie de rapport. Tout ce qui pourra être fait ainsi pour l'établissement pacifique de notre influence au Sahara, dès maintenant, sera autant de gagné pour l'avenir, et c'est un devoir élémentaire pour le gouvernement de l'Algérie, comme pour celui de l'Afrique occidentale, de préparer méthodiquement la vaste contrée qui les sépare, à ses destinées françaises. Mais au point de vue de la jonction réelle de l'Algérie au Soudan, cette préparation politique sera inefficace. Elle a une importance complémentaire, et ne peut constituer un point de départ, parce que l'entreprise matérielle à réaliser se définit par une dépense de centaines de millions, et non autrement. Et c'est pourquoi, si les possibilités matérielles sont limitées, mes préférences vont au plus pressé : à la géologie avant la politique.

Des initiatives privées se sont déjà employées à préparer, à commencer l'étude géologique du Sahara, au nord et au sud. Avec les concours administratifs et gouvernementaux qui ne sauraient leur manquer, elles la mèneraient aisément à bien, d'elles-mêmes. Peut-être cependant ne serait-il pas sans intérêt que la Commission supérieure du Transsaharien qui conserve une existence légale, fût chargée d'organiser et de diriger l'exploration géologique du Sahara. Elle se préparerait ainsi à intervenir, le moment venu, comme arbitrage technique, dans la question délicate du choix définitif d'un tracé rationnel.

Provisoirement, la solution des « Sahariens » provinciaux, devant lesquels le Transsaharien disparaît nominalement, écarte toute difficulté. Mais quand le rail arrivera d'une part à Ouargla, de l'autre à Igli, il faudra choisir. Si le Sahara, par les gisements miniers qui peuvent exister, mais restent à découvrir, doit fournir des éléments de trafic dans une direction déterminée, le choix sera facile. Dans le cas contraire, les précédents permettent de douter qu'il puisse se faire sans tiraillements et par conséquent sans retards.

Malgré les objections contre la pénétration au Touat par la Sud Oranais, qui me portaient à considérer comme moins aléatoire la pénétration par l'Est, je suis tout à fait d'avis qu'une fois le Touat occupé et la voie de l'Oued Saoura définitivement libre, le Transsaharien Oranais deviendra le plus rationnel si aucune condition de trafic Saharien n'intervient dans la détermination du tracé. Mais cette opinion peut n'être pas générale. Elle ne le sera probablement pas. Et il y a un tel intérêt à prévenir toute hésitation sur la décision à prendre, que de toute façon l'entrée en scène de la Commission supérieure du Trans-saharien aurait sa raison d'être, en apportant au Gouvernement métropolitain et à l'Administration Algérienne le concours impartial d'une autorité exclusivement technique.

Vous me direz peut être : « Mais vous n'êtes pas de votre » temps. Au moment même où l'Algérie s'efforce et avec » raison, de conquérir un peu d'autonomie, vous voulez » limiter ses droits, son initiative. »

Du tout, seulement ce n'est pas l'Algérie qui fera les frais du Transsaharien, c'est la France entière. Ce n'est pas la politique Algérienne qu'il engagera, mais la politique Française, et je ne puis l'oublier.

D'ailleurs, si j'avais la bonne fortune d'être colon algérien, ce qui me passionnerait pour l'Algérie, c'est le blé, la vigne, l'olivier, le mouton, le dattier même, l'alfa, les phosphates, les marbres, mais pas la politique coloniale, nécessaire dans les jeunes colonies, où tout reste à faire, inutile dans un pays qui n'a plus qu'à vivre de sa belle vie de travail, heureuse et calme. Comme de toute façon les destinées de son expansion Saharienne se réaliseront sans efforts de sa part, et indépendamment de ses préférences divisées, j'aimerais mieux pour elle qu'elle consacrât toute son activité aux intérêts collectifs dont elle devrait avoir la responsabilité tout entière : à ses barrages, à ses chemins de fer intérieurs, à ses ports, plutôt que de s'émouvoir prématurément pour une question qui, définie par une dépense de 250 à 300 millions, est et restera de toute façon métropolitaine.

Pour aller jusqu'au bout de ma pensée, j'ajoute enfin, que si je fais des vœux pour la résurrection de la Commission du Transsaharien, ce n'est pas seulement pour le Transsaharien et pour l'Algérie. Sans insister sur un sujet délicat, je crois que nous avons un intérêt de premier ordre à donner à notre politique marocaine de frontière, une allure essentiellement commerciale. Ne nous faisons pas d'illusions : maintenant que nous sommes au Touat, nous allons voir le Tafilelt devenir un autre Figuig. Or la question marocaine peut s'ouvrir à un moment quelconque, inopinément. Notre position sera d'autant meilleure que nos relations avec les tribus limitrophes de l'Algérie s'étendront plus loin, dans le Nord comme dans le Sud. Et nos rapports avec elles ne pouvant se développer que par le commerce de frontière, il est nécessaire qu'un changement de méthode dans notre expansion saharienne, permette à l'Oranie de consacrer toutes ses forces vives, à son œuvre patriotique et profitable d'expansion commerciale vers l'Ouest. Je souhaiterais en un mot, maintenant que l'occupation du Touat constitue pour les intérêts sahariens de notre belle province de l'ouest, une sauvegarde efficace, qu'elle pût concentrer, sans autres soucis, tous ses efforts à briser peu à peu le mur que la frontière marocaine oppose aux progrès de notre influence générale, en devenant du Nord au Sud, pour les tribus voisines, un marché actif et dont rien ne les écarte. Je ne développe pas davantage ma pensée : vous m'avez compris. Elle peut se résumer d'ailleurs en une courte formule : poursuivons industriellement notre œuvre saharienne, que domine maintenant la grosse question industrielle du Transsaharien, pour donner plus efficacement à notre œuvre marocaine, en reléguant à un rang discret et silencieux nos préoccupations politiques — ce qui lui convient le mieux dans le présent : un caractère commercial.

Comme vous le voyez, mon cher ami, si nos vues diffèrent peut-être sur les moyens d'application, notre entente est complète sur le principe. Non moins que vous, je désire voir se réaliser au plus tôt la jonction effective de l'Algérie au Soudan. Fort peu partisan du Transsaharien jadis, je le crois aujourd'hui possible et nécessaire. Et comme il me paraît évident qu'une route de caravanes de 2.000 kilomètres ne le remplacera pas, même provisoirement, je pense que c'est de lui et de lui seul qu'il faut s'occuper sans fictions préliminaires.

Peut-être serait-il sage d'attendre, pour en aborder la préparation matérielle, que notre installation au Touat soit terminée. Mais rien n'empêche de songer dès maintenant à l'action méthodique sans laquelle cette grosse entreprise ne serait pas menée sagement. Pour agir avec méthode, il faut avant tout procéder à l'exploration géologique du Sahara, parce que si le Sahara présente des ressources minières exploitables, le Transsaharien se fera rapidement, tandis que dans le cas contraire, son prix de revient resterait inquiétant. Il faudra, en ce cas, choisir entre des tracés rivaux : mieux vaut pour ce choix l'arbitrage raisonné d'une commission exclusivement technique, que les conflits d'intérêts rivaux. Et cette solution paraît d'autant plus à recommander qu'elle aura l'avantage de laisser l'Algérie, consacrer plus fructueusement sa généreuse activité à d'autres devoirs non moins dignes d'elle.

Vous eussiez au contraire préféré l'abandon momentané d'une question qui vous semble trop grosse pour être abordée sans ménagements. Peut-être le programme progressif dont vous m'entretenez répond-il à des nécessités qui m'échappent. Je ne le discute donc pas en lui-même, mais seulement tel qu'il m'apparaît, suivant le point de vue où je me place, — et je vous donne mon avis, puisque vous me l'avez demandé, tel qu'il résulte de mes souvenirs et de ma conception générale de notre politique africaine.

Sans me prononcer ainsi avec une entière certitude sur le fond de la question, j'ai du moins une manière de voir très arrêtée sur un de ses aspects. La France a fait ses preuves en matière d'expansion coloniale et mérite d'être traitée en grande personne. C'est d'ailleurs à elle-même, et à elle seule qu'il appartient de décider, par ses mandataires responsables, des projets qui engagent son avenir politique et financier. Pénétré de ce sentiment, ce que je désire, ce que j'espère, ce que j'approuverai indépendamment de toute combinaison, à l'exclusion de toutes préférences, y compris les miennes, c'est la bonne action du Ministre, du Gouverneur, du Député, qui fera connaître au pays son devoir africain, tel qu'il est, en langage d'affaires, comme il convient de parler en membre responsable de conseil d'administration vis-à-vis d'actionnaires, en homme d'État, vis-à-vis de citoyens.

A. LE CHATELIER.

2552. — Société Anonyme des Imprimeries Gérardin, Versailles.

1/2